sān zhī xiǎo zhū de gù shi

三只小猪的故事

THE TALE OF THREE LITTLE PIGS

Once upon a time, in a forest there were three little pigs living together with their Mom.

cóng qián yí piàn sēn lín lǐ shēng huó zhe sān zhī
从前，一片森林里生活着三只

xiǎo zhū hé tā mén de mā ma
小猪和他们的妈妈。

One day, Mom said "little pigs, you are grown up. Now it is time to move out."

yǒu yì tiān　　mā ma shuō　xiǎo zhū men
有一天，　妈妈说，　小猪们

nǐ men yǐ jīng zhǎng dà le　xiàn zài shì
你们已经长大了，　现在是

shí hou bān chū qù zhù le
时候搬出去住了。

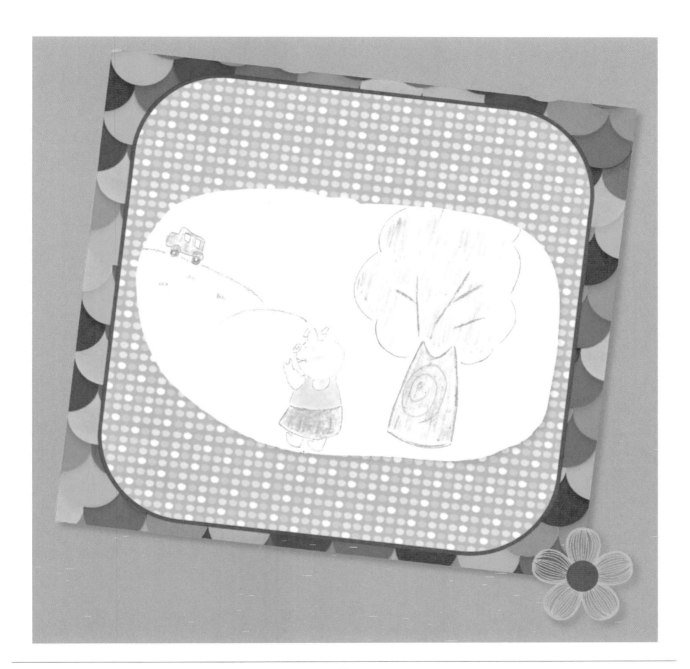

The little pigs moved out from their Mom's house and started to build their own house.

sān zhī xiǎo zhū bān chū le mā ma de
三只小猪搬出了妈妈的

fáng zi　　　 kāi shǐ zào zì jǐ　 de fáng zi
房子，开始造自己的房子

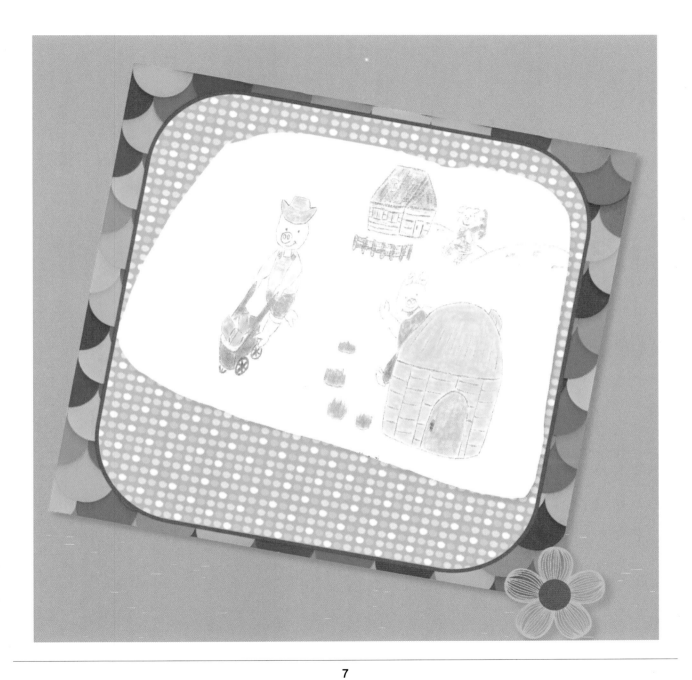

Big brother built a straw house because it is the easiest to build. Second brother built a wood house because it is the warmest. Little brother built a brick house because it is the strongest.

dà gē gài le máo cǎo de fáng zi yīn wéi tā
大哥盖了茅草的房子，因为它

zuì róng yi èr gē gài le mù tou de fáng zi
最容易。二哥盖了木头的房子，

yīn wéi tā zuì nuǎn he xiǎo dì gài le zhuān fáng zi
因为它最暖和。小弟盖了砖房子

yīn wéi tā zuì láo gù
因为它最牢固。

After the new houses were built everyone was very happy. Some small animals living in the forest brought gifts to celebrate with them.

fáng zi gài hǎo hòu dà jiā dōu hěn kāi xīn
房子盖好后大家都很开心。

cēn lín lǐ de xiǎo dòng wu mén hái dài lái le
森林里的小动物们还带来了

lǐ wù hé tā men yì qǐ qìng zhù
礼物和他们一起庆祝。

One day, a big gray wolf found the three little pigs' houses. He saw big brother's house was made from straw, so he huffed and puffed, and he blew the house down!

zhè yì tiān   yì zhī dà huī láng fā xiàn le sān zhī
这一天，一只大灰狼发现了三只

xiǎo zhū men de jiā   tā kàn dào dà gē de fáng zi
小猪们的家。他看到大哥的房子

shì cǎo zuò de   suǒ yǐ yòng zuǐ yòng lì de chuī
是草做的，所以用嘴用力的吹，

bǎ fáng zi chuī dǎo le
把房子吹倒了！

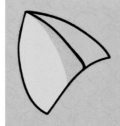

Big brother ran into second brother's house. They were both horrified and shaking.

dà gē pǎo dào le èr gē de fáng zi lǐ
大哥跑到了二哥的房子里。
tā men xià dé zhí duō suo
他们吓得直哆嗦。

The big gray wolf chased after them. He started to shake the wood house vigorously. Soon the house was destroyed. Big brother and second brother ran into little brother's brick house.

dà huī láng zhuī le guò lái　tā yòng lì yáo huàng mù
大灰狼追了过来。他用力摇晃木

fáng zi　fáng zi hěn kuài bèi huàng dǎo le dà gē hé
房子，房子很快被晃倒了。大哥和

èr gē dōu pǎo dào le xiǎo dì de zhuān fáng zi lǐ
二哥都跑到了小弟的砖房子里。

The big gray wolf started shaking little brother's brick house vigorously. However, the house was very strong. The big gray wolf could not bring down the house.

dà huī láng kāi shǐ yòng lì yáo huàng xiǎo dì de
大灰狼开始用力摇晃小弟的

zhuān fáng zi   kě shì fáng zi fēi cháng jiān gù
砖房子。 可是房子非常坚固,

dà huī láng méi fǎ bǎ tā tuī dǎo
大灰狼没法把它推到。

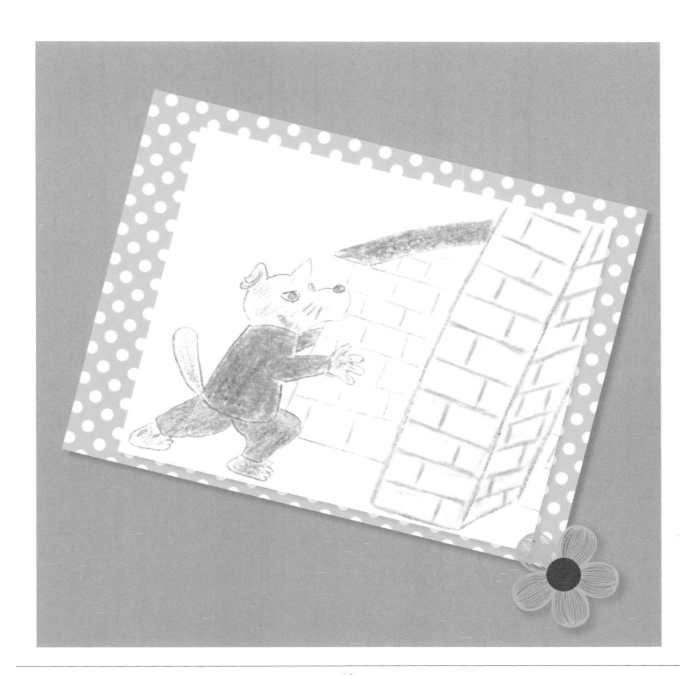

The big gray wolf suddenly saw the chimney on top of the roof. He thought: "I can climb into the house from there!" Hence, he began to climb onto the roof.

dà huī láng hū rán kàn dào fáng dǐng shàng de yān cong
大灰狼忽然看到房顶上的烟囱

tā xiǎng wǒ kě yǐ cóng nà lǐ pá jìn fáng
。他想："我可以从那里爬进房

zi yú shì tā kāi shǐ wǎng wū dǐng pá
子！"于是他开始往屋顶爬。

The three little pigs found out the big gray wolf's plan. Big brother was frightened into tears. Second brother said: "What shall we do?" Little brother said: "No worries, let's do this…"

sān zhī xiǎo zhū fā xiàn le dà huī láng de jì huà
三只小猪发现了大灰狼的计划。

dà gē xià dé zhí kū　　èr gē shuō　　zán men
大哥吓得直哭。 二哥说 ："咱们

gāi zěn me bàn a　　　　xiǎo dì shuō　　bié jí
该怎么办啊？"小弟说："别急,

zán men zhè me zuò
咱们这么做…"

It turns out that the little pigs boiled a pot of water under the chimney. When the big gray wolf climbed down the chimney, he directly fell into the boiling water. He was in so much pain that he ran away with his tail tucked between his legs.

yuán lái xiǎo zhū men zài yān cong xià miàn shāo le
原来， 小猪们在烟囱下面烧了

yì guō kāi shuǐ dà huī láng cóng yān cong pá xià lái
一锅开水。 大灰狼从烟囱爬下来

zhí jiē diào dào le kāi shuǐ lǐ   téng dé tā jiā zhe
直接掉到了开水里。 疼得他夹着

wěi bā táo zǒu le
尾巴逃走了。

The three little pigs bravely won the battle against the big gray wolf. My little friends, What did you learn from this story?

sān zhī xiǎo zhū yǒng gǎn de zhàn sheng le dà huī láng
三只小猪勇敢的战胜了大灰狼

xiǎo péng you men   nǐ men cóng zhè ge gù shi
。小朋友们，你们从这个故事

lǐ xué dào le shén me ne
里学到了什么呢？

Made in the USA
Columbia, SC
09 December 2021

50845417R00018